SELEÇÃO DE
PENSAMENTOS PARA MÃES MODERNAS E INCRÍVEIS

Ser Mãe

Copyright © Lake Press Pty Ltd, 2014
Images used under license from Shutterstock.com and Thinkstock.com

1ª Edição, Editora Gaia, São Paulo, 2015

Jefferson L. Alves – diretor editorial
Richard A. Alves – diretor de marketing
Flávio Samuel – gerente de produção
Flavia Baggio – tradução
Deborah Stafussi – revisão

Obra atualizada conforme o
NOVO ACORDO ORTOGRÁFICO DA LÍNGUA PORTUGUESA.

DADOS INTERNACIONAIS DE CATALOGAÇÃO NA PUBLICAÇÃO (CIP)
(CÂMARA BRASILEIRA DO LIVRO, SP, BRASIL)

Horgan, Ali

   Ser mãe / Ali Horgan ; tradução Flavia Baggio. -- São Paulo : Gaia, 2015.

Título original: Yummy mummy.
   ISBN 978-85-7555-441-8

   1. Livros de frases 2. Mães e filhos 3. Máximas 4. Pensamentos 5. Reflexões
I. Título.

15-00234   CDD-808.882

Índices para catálogo sistemático:
1. Reflexões : Pensamentos : Coletâneas : Literatura 808.882

Direitos Reservados

editora gaia ltda.
Rua Pirapitingui, 111-A – Liberdade
CEP 01508-020 – São Paulo – SP
Tel.: (11) 3277-7999 – Fax: (11) 3277-8141
e-mail: gaia@editoragaia.com.br
www.editoragaia.com.br

Colabore com a produção científica e cultural.
Proibida a reprodução total ou parcial desta obra
sem a autorização do editor.

Nº de Catálogo: **3803**

Introdução

Ser mãe é feito para as jovens mães de hoje que passam pela gravidez com charme e elegância, mostrando orgulhosas suas barriguinhas.

A gravidez para elas é vista como uma ótima oportunidade de comprar um guarda-roupa novo. O quarto do bebê é todo montado por uma consultora e decorado com todos os acessórios mais modernos.

Todo um novo vocabulário é introduzido para descrever a grande corrida de carrinhos de bebê, acessórios de bebê e aulas de ginástica para gestantes.

Essas mães disfarçam suas olheiras com óculos escuros e recomendam gravidez para suas amigas como uma incrível maneira para se desintoxicar.

É claro que elas estão muito sensíveis e entendem que maternidade significa fazer sacrifícios, como reduzir o salto de 9 centímetros para um muito mais apropriado de 6,5.

Almoço das garotas? Sem problemas! O bebê vai também! Seja o trabalho, as tarefas domésticas, exercícios ou diversão, essas novas mães tiram tudo de letra com seus bebês ao lado.

Os filhos reinventam o seu mundo.

SUSAN SARANDON
Atriz norte-americana (1946-)

Pare de tentar aperfeiçoar seus filhos, mas continue tentando aperfeiçoar seu relacionamento com eles.

DR. HENKER
Professor de enfermagem norte-americano

Sempre termine o nome do seu filho com uma vogal, assim, quando você o chamar de longe, o nome se alongará.

BILL COSBY
Ator e autor norte-americano (1937-)

A maneira mais rápida para os pais
conseguirem a atenção dos filhos
é sentar e parecer relaxados.

LANE OLINGHOUSE

Há apenas um filho bonito no mundo,
e ele é filho de toda mãe.

PROVÉRBIO CHINÊS

Eu gostaria de ser a mãe ideal,
mas estou ocupada demais criando meus filhos.

DESCONHECIDO

Não é fácil ser mãe. Se fosse fácil,
os pais também seriam.

THE GOLDEN GIRLS
Série de televisão norte-americana

Se fosse da natureza humana que maridos e esposas dessem à luz alternadamente, nunca haveria mais de três filhos em uma família.

LAURENCE HOUSMAN
Escritor inglês (1865-1959)

A cada dez segundos, em algum lugar deste mundo, há uma mulher dando à luz uma criança. Alguém deve encontrá-la e impedi-la.

SAM LEVENSON
Escritor e humorista norte-americano (1911-1980)

Bebês são sempre mais
encrenca do que você pensa –
e mais maravilhosos também.

CHARLES OSGOOD
Escritor e comentarista norte-americano (1933-)

Criar um filho é em parte alegria
e em parte guerra.

ED ASNER
Ator norte-americano (1929-)

Ser uma mãe que trabalha fora não é fácil.
Você tem que estar disposta a estragar
tudo de todas as maneiras.

JAMI GERTZ
Atriz norte-americana (1965-)

Não importa o quão calma você tente ficar, educar seus filhos vai, eventualmente, despertar um comportamento bizarro, e eu não estou falando das crianças.

BILL COSBY
Ator e autor norte-americano (1937-)

Mito nº 1 sobre criar filhos:
o parto termina quando o bebê nasce.

DESCONHECIDO

Os filhos são bárbaros contentes.

JOE MORGENSTERN
Crítico de filme norte-americano (1932-)

Eu perguntei à minha mãe se eu era
um presente em sua vida.
Ela me disse que certamente não teria
pagado por mim.

ANÔNIMO

Um bebê é um cheque em branco e
nominal à raça humana.

BARBARA CHRISTINE SEIFERT

A alegria de ter um filho hoje em dia
pode ser expressa em apenas duas palavras:
fila preferencial.

ANÔNIMO

A mão que balança o berço geralmente pertence a alguém que não tem dormido o bastante.

JOHN FIEBIG

Quando meus filhos ficam desobedientes e incontroláveis, eu uso um bom e seguro cercadinho. Quando eles se acalmam, eu saio dali.

ERMA BOMBECK
Humorista norte-americana (1927-1996)

Há três maneiras para conseguir que algo seja feito:
contrate alguém para fazer, faça você mesmo
ou proíba seus filhos de fazerem!

MONTA CRANE
Educadora norte-americana (1911-2009)

Nunca houve um filho tão adorável,
mas sua mãe ficava feliz em colocá-lo para dormir.

RALPH WALDO EMERSON
Ensaísta e poeta norte-americano (1803-1882)

A Mãe Natureza, em sua infinita sabedoria, tem incutido em cada um de nós o instinto biológico poderoso da reprodução. Esse é seu jeito de assegurar que a raça humana, aconteça o que acontecer, nunca terá nenhum rendimento financeiro.

DAVE BARRY
Autor norte-americano (1947-)

Nenhuma criatura é tão incansável
quanto uma criança animada.

AMY LESLIE
Atriz norte-americana (1855-1939)

Você sempre será o brinquedo
favorito de seu filho.

VICKI LANSKY
Autora norte-americana (1942-)

As mães que trabalham fora são cobaias em experiência científica para mostrar que o sono não é necessário para a vida humana.

ANÔNIMO

Às vezes acontece até nas
melhores famílias de um bebê nascer.
Isso não é necessariamente motivo para
alarme. O importante é manter-se são
e pedir algum dinheiro emprestado.

ELINOR GOULDING SMITH
Ilustradora norte-americana

Eu não sei se o correto é
"você tem um bebê"
ou "o bebê tem você".

ANÔNIMO

Eu amo brincar de esconde-esconde com meu filho.
Mas às vezes minha meta é achar um lugar
para me esconder onde ele não consiga me
encontrar até o fim do ensino médio.

ANÔNIMO

Qualquer mãe poderia realizar o
trabalho de vários controladores de
tráfego aéreo com facilidade.

LISA ALTHER
Autora norte-americana (1944-)

Há três motivos para amamentar: o leite está sempre na temperatura ideal, vem em embalagens atraentes e o gato não consegue pegá-lo.

IRENA CHALMERS
Autora inglesa (1935-)

Parece que algo que signifique pobreza, desordem e violência todos os dias deveria ser totalmente evitado. Mas o desejo de gerar uma criança é um impulso natural.

PHYLLIS DILLER
Atriz norte-americana (1917-2012)

Tomar a decisão de ter um filho é muito importante.
É decidir ter para sempre o seu próprio coração
batendo fora de seu corpo.

ELIZABETH STONE

Um bebê muda a conversa de seu
jantar de política para cocôs.

MAURICE JOHNSTONE

Nós passamos os primeiros doze meses da vida de nossos filhos ensinando-os a andar e a falar e os próximos doze pedindo para que se sentem e fiquem quietos.

PHYLLIS DILLER
Atriz norte-americana (1917-2012)

Não se preocupe se seus filhos nunca ouvem
o que você diz; preocupe-se se eles estiverem sempre
observando o que você faz.

ROBERT FULGHUM
Autor norte-americano (1937-)

Apesar de existirem muitos casamentos descartáveis,
você não pode descartar um filho.

GAIL SHEEHY
Escritora norte-americana (1937-)

O papel de uma mãe é dar à luz os filhos uma vez
e depois dar carona a eles para sempre.

PETER DEVRIES
Editor e autor norte-americano (1910-1993)

Um bebê vai fazer com que o amor seja mais forte, os dias mais curtos, as noites mais longas, o saldo bancário menor, a casa mais feliz, as roupas mais sujas, o passado esquecido e o futuro algo que vale a pena ser vivido.

DESCONHECIDO

Se você quiser ver o máximo de desprezo e ódio que um ser humano pode demonstrar por outro, basta deixar que uma jovem mãe ouça alguém chamar o seu querido bebê de "isso".

JEROME K. JEROME
Escritor inglês (1859-1927)

Algumas mães beijam e outras repreendem, mas é amor da mesma forma e a maioria beija e repreende junto.

PEARL S. BUCK
Escritora norte-americana

Minha mãe é literalmente uma parte de mim. Você não pode dizer isso sobre muitas pessoas, exceto parentes e doadores de órgãos.

CARRIE LATET

Os filhos são a âncora que
prendem a mãe à vida.

SÓFOCLES
Antigo escritor de tragédias grego (497 a.C – 406 a.C)

Filhos são um grande conforto na velhice.
E eles ajudam você a chegar lá mais rápido também.

LIONEL KAUFFMAN

Eu quero que meus filhos tenham todas as coisas que eu não pude ter. Depois, eu quero ir morar com eles.

PHYLLIS DILLER
Atriz norte-americana (1917-2012)

O instinto de uma mãe moderna ao ver o filho vomitando é correr para tentar impedir que chegue no tapete.

DESCONHECIDO

Quando as mulheres estão deprimidas
elas comem ou fazem compras.
Os homens invadem outro país.

ELAYNE BOOSLER
Comediante norte-americana (1952-)

Todas as mães são ligeiramente insanas.

J.D. SALINGER
Autor norte-americano (1919-2010)

De um lado, um bebê é um ruído alto e, de outro, nenhuma noção de responsabilidade.

RONALD KNOX
Teólogo inglês (1888-1957)

Mães são uma necessidade biológica;
pais, uma invenção social.

MARGARET MEAD
Antropóloga cultural norte-americana (1901-1978)

Trinta e cinco é quando finalmente
sua cabeça fica sã e seu corpo
começa a cair aos pedaços.

CARYN LESCHEN
Cartunista norte-americana

Fralda é uma maneira de ser reembolsado.
Pense nisso.

MARSHALL MCLUHAN
Educador e filósofo canadense (1911-1980)

Enquanto uma mulher parecer ser
dez anos mais nova do que sua própria filha,
ela estará completamente satisfeita.

OSCAR WILDE
Escritor e poeta irlandês (1854-1900)

Um estudo da Faculdade de Medicina de Harvard determinou que termômetros retais são a melhor maneira de medir a temperatura de um bebê.

TINA FEY
Atriz, comediante e escritora norte-americana (1970-)

Um bebê é um trabalho de tempo integral para três adultos. Ninguém fala isso quando você está grávida, porque você provavelmente se jogaria de uma ponte. Ninguém fala como ser mãe consome tudo – como o hábito da leitura desaparece e o de pensar também.

ERICA JONG
Autora norte-americana (1942-)

Se gravidez fosse um livro, os dois últimos capítulos seriam cortados.

NORA EPHRON
Diretora de filme e escritora norte-americana (1941-2012)

Bebês são uma ótima maneira de começar pessoas.

DON HEROLD
Humorista norte-americano (1889-1966)

Se a evolução realmente funciona,
por que as mães têm só duas mãos?

MILTON BERLE
Comediante e ator norte-americano (1908-2002)